BEI GRIN MACHT SICH IHR WISSEN BEZAHLT

- Wir veröffentlichen Ihre Hausarbeit, Bachelor- und Masterarbeit

- Ihr eigenes eBook und Buch - weltweit in allen wichtigen Shops

- Verdienen Sie an jedem Verkauf

Jetzt bei www.GRIN.com hochladen und kostenlos publizieren

Sten Hoffmann

Der Aufstieg des italienischen Faschismus

GRIN Verlag

Bibliografische Information der Deutschen Nationalbibliothek:

Die Deutsche Bibliothek verzeichnet diese Publikation in der Deutschen National-
bibliografie; detaillierte bibliografische Daten sind im Internet über http://dnb.d-
nb.de/ abrufbar.

Impressum:

Copyright © 2010 GRIN Verlag GmbH
Druck und Bindung: Books on Demand GmbH, Norderstedt Germany
ISBN: 978-3-656-54811-9

GRIN - Your knowledge has value

Der GRIN Verlag publiziert seit 1998 wissenschaftliche Arbeiten von Studenten, Hochschullehrern und anderen Akademikern als eBook und gedrucktes Buch. Die Verlagswebsite www.grin.com ist die ideale Plattform zur Veröffentlichung von Hausarbeiten, Abschlussarbeiten, wissenschaftlichen Aufsätzen, Dissertationen und Fachbüchern.

Besuchen Sie uns im Internet:

http://www.grin.com/

http://www.facebook.com/grincom

http://www.twitter.com/grin_com

Schule: *Gymnasium Ernestinum*   Schuljahr: *2009/2010*

Der Aufstieg des italienischen Faschismus

von

Sten Hoffmann

Ausgabetermin des Themas: *28.2.2005*   Abgabetermin der Arbeit: *18.3.2010*

Die Facharbeit wurde eingereicht am   _____

--   ---
(Unterschrift des Schülers)   (Unterschrift des Lehrers)

Erteilte Note: Punkte: _____   _____

(Unterschrift des Lehrers)

Inhaltsverzeichnis

1. Faschismus

1.1 Entstehung des Begriffs Faschismus

„Der Faschismus hat einen Namen, der an sich nichts sagt über den Geist und die Ziele der Bewegung. Ein fascio ist ein Verein, ein Bund, Faschisten sind Bündler und Faschismus wäre Bündlertum."[1] Mit diesen Worten wies Fritz Schotthöfer 1924 auf eine häufig nicht hinreichend betrachtete Tatsache hin, dass anders als bei Begriffen wie z.b. Kommunismus und Liberalismus, der Begriff Faschismus keinen Inhalt hat, der auf die wahren Absichten des Faschismus verweist. Das von dem lateinischen Wort fascis – dem Rutenbündel der römischen Litoren – stammende italienische Wort für Bund, fascio, war zuerst im 19. Jahrhundert von vielen verschiedenen italienischen politischen Gruppen verwendet worden, die sich von den Parteien unterscheiden wollten. Zu Beginn des 20. Jahrhunderts nahm der italienische rechte Flügel den Begriff zunehmend für sich in Anspruch. In den 20er Jahren des 20.Jahrhunderts bezeichneten viele italienische Autoren alles was antidemokratisch und antikommunistisch ist, sei faschistisch. Jedoch kamen zu diesem Zeitpunkt auch andere Bedeutungen, aus den Kreisen der Linken, über das Wort Faschismus auf, dass alles was kapitalistisch sei und dem Kommunismus schade, faschistisch sei. Dies führte dazu, dass auch Sozialdemokraten als faschistisch angesehen wurden, da sie das demokratische kapitalistische System verteidigten.

Allerdings ist der Begriff Faschismus heute anders zu definieren als viele Menschen es damals taten. Das Wort Faschismus ist ein Überbegriff ideologischer und politischer Richtungen, die zum größten Teil rechts gesinnt sind. Das Ziel faschistischer Parteien war Diktaturen zu errichten, die national, antiliberal und antimarxistisch ausgerichtet waren und zudem nach dem Führerprinzip[2] organisiert waren. Dieses Ziel versuchte man oft auf sehr gewalttätigem Wege zu erreichen. Es ist eine autoritäre Bewegung, die von einem nicht legitimierten Führer geleitet wurde. Man sah in der Gesellschaft keine Individuen, die durch kritisches Denken einen kollektiven Willen bildeten, sondern einen überindividuellen Organismus, der das Leben aller bestimmte. Im Faschismus steht der Einzelne nie im Vordergrund, sondern immer die Gemeinschaft. Nicht individuelle Rechte und Freiheiten sollen verteidigt werden, sondern das Individuum soll im Staat aufgehen. Diese Einstellung ist das absolute Gegenteil, der durch die Französische Revolution[3] in Europa neu entstandenen Werte des Menschen, ohne jegliches demokratisches Denken. Schließlich verwirft er die liberale Vorstellung vom Rechtsstaat, der die sonst freie Entfaltung des gesellschaftlichen Lebens regelt, also die Idee vom Staat als Herr über die allgemeine Vernunft[4]. Die Gesellschaft verschmilzt hingegen mit dem Staat zu einem totalitären Herrschaftssystem. Allerdings stand der Wille der Nation und des Vaterlandes immer an erster Stelle der faschistischen Politik, denn das Ziel war, Menschen mit nationaler Identität zu gestalten. Auf Grund dieser Nationalisierung wollte man ethnische Minderheiten ausmerzen. Sie wurden diskriminiert und

---

[1]   F. Schotthöfer, Il Fascio, Sinn u. Wirklichkeit des italienischen Faschismus, Frankfurt am Main 1924,

        S.64 Z.12

[2]   Die Person, die die politische Führung in einem Land innehat, hat auch militärisch und juristisch die oberste Befehlsgewalt, ohne jegliche kontrollierenden Instanzen.

[3]   Französische Revolution (1789-1799), gewaltsamer Umsturz der Monarchie in Frankreich

[4]   vgl.: http://afg.blogsport.de/2009/02/18/teil-iii-litalia-del-fascio-aufstieg-und-fall-des-italienischen-faschismus/

zum Teil gezwungen, ihre ethnischen Bräuche ganz abzulegen. Aus Sicht der Faschisten war ihr System moderner als die bestehenden demokratischen Systeme. Zudem kann man den Faschismus nicht als Revolution bezeichnen, obwohl ein altes politisches System gestürzt wurde, sonder viel eher als eine Revolution von oben, die nur durch eine Minderheit vollzogen worden ist. Doch schon nach kurzer Zeit hatte man durch geschickte Propaganda, Massenorganisationen, Freizeiteinrichtungen, Dachverbänden und ausreichend Arbeit aus frei denkenden Menschen gehorchende Untertanen gemacht, die leicht zu kontrollieren waren. Durch diese Mittel beherrschte man das Denken der Massen und festigte somit sein Regime, da das Volk hinter einem stand.

Das erste solcher Systeme entwickelte sich nach dem Ende des Ersten Weltkrieges in Italien unter der Führung Benito Mussolinis auf Grund von politischen, gesellschaftlichen und wirtschaftlichen Krisen heraus.

1.2   Der italienische Faschismus als Vorbild

Historiker und Forscher sind sich einig, dass ohne das italienische Faschismusmodell die ihm nachfolgenden Modelle, sowie das nationalsozialistische Modell in Deutschland, nicht denkbar wären[5]. Allerdings soll dies nichts bedeuten, dass jene autoritären Rechtsdiktaturen in den betroffenen Ländern der Welt nicht an die Macht gekommen wären, jedoch wenn, dann mit ganz anderen charakteristischen Merkmalen. Der italienische Faschismus diente aber nur als Modell, also als Grundlage für viele andere Staaten. Es gibt immer gewaltige Unterschiede zwischen den einzelnen Faschismen verschiedener Länder. Die meisten faschistischen Systeme kamen durch endogene Dynamiken an die Macht wie in Italien und in Deutschland. Doch im Gegensatz zu Mussolini in Italien, hatte Adolf Hitler[6] in Deutschland einen viel weiter entwickelten Staat unter seiner Kontrolle und konnte somit die Grundgedanken des Faschismus weiterführen. Italien war zu der Zeit, als sich der Faschismus entwickelte ein strukturell schwaches Land, aus heutiger Sicht ein Schwellenland zwischen den großen Nationen wie England, Frankreich und auch Deutschland, was allerdings für den Aufstieg des Faschismus in Italien unentbehrlich war. Jedoch hinderten Mussolini genau diese strukturellen Schwächen in der Gesellschaft und der Wirtschaft daran, seine faschistische Bewegung im Hinblick auf Herrschafts- und Eroberungsbestreben zu einem Zenit zu führen. Aber genau das erreichte Adolf Hitler, denn im Gegensatz zu Mussolini traf Hitler zwar auch auf ein wirtschaftlich schwaches und gesellschaftlich stark gebeuteltes Land, aber bei weitem nicht so schwach wie Italien, und war daher in der Lage sein faschistisches System des Nationalsozialismus auf Grundlage des italienischen Faschismus zu einem Höhepunkt zu bringen. Doch jene Schritte hätte Adolf Hitler nie tätigen können ohne den italienischen Faschismus.

Wie einst Napoleon Bonaparte[7] als Erbe der Französischen Revolution von 1789 bezeichnet wurde, kann

---

[5]   vgl.: W. Wippermann, Europäischer Faschismus im Vergleich 1922-1982, Frankfurt am Main 1983, S. 22

[6]   Adolf Hitler war von 1933 bis 1945 Regierungschef und Staatsoberhaupt Deutschlands.

[7]   Napoleon Bonaparte war Kaiser Frankreichs von 1804 bis 1814.

man auch Adolf Hitler als den Erben des italienischen Faschismus bezeichnen. Denn beide bedeutenden Personen der Weltgeschichte hätte es ohne die ihnen zuvorkommenden Tatsachen einer Revolution bzw. neuen politischen und ideologischem Gedankengut nie gegeben.

1.3   Warum ausgerechnet in Italien?

Der Faschismus ist eine Folge des Ersten Weltkrieges und der Nachkriegszeit, aber auch ein Ergebnis einer tief greifenden wirtschaftlichen und politischen Krise, die schon seit Gründung des Königreichs Italien im Jahre 1861 anhielt. Um die Ursachen für den Ausbruch des Faschismus gerade in Italien zu verstehen, muss man die gesellschaftliche und politische Lage Italiens vor dem Ersten Weltkrieg genauer betrachten. Denn der Faschismus ist nicht nur durch den Ersten Weltkrieg bedingt an die Macht gekommen, sondern die Ursachen liegen schon viel früher zurück. Italien war in der Mitte des 19. Jahrhundert noch ein im Vergleich zu den anderen West- und Mitteleuropäischenstaaten rückständiges Agrarland, welches erst 1861 nach gewonnen Kriegen gegen Österreich ein einiges Land wurde. Italien war, wie auch Deutschland, eine spät entstandene Nation. Erst in der Phase des Risorgimento wurden die italienischen Fürstentümer, die zum Teil unter ausländischer Kontrolle standen, zu einem Staat geeint. Die heutige Hauptstadt Rom beispielsweise wurde erst 1870 erobert. Man begann damit die Industrialisierung auch in Italien voranzutreiben, wovon aber nur der Norden mit seinen vielen Schwerindustrien profitierte. Allerdings wurde für das Leben der einfachen Bevölkerung - vor allem der Bauern und Arbeiter - von Seiten des Staates aus nichts getan, um diese Missstände zu beheben, so dass sie in sehr armen und bescheidenen Verhältnissen lebten. Man versäumte es, rechtzeitig etwas gegen jene Missstände zu unternehmen, da man schlichtweg nicht in der Lage dazu war. Die industriellen Eliten des Nordens und die agrarischen Eliten des Südens verstanden es sehr gut, ihre ökonomischen Interessen durchzusetzen. Jegliche Oppositionen versuchte man zu unterdrücken und an sich zu binden, so dass eine Verbesserung der Lage der Armen nicht in Aussicht war. Allerdings wurde diese Politik von immer heftiger und zahlreicher auftretenden Unruhen, Hungerrevolten und Streiks wirkungslos, da sich die Regierung nicht gegen die Bevölkerung stellen kann. Daher versuchte der führende Politiker der Liberalen und Ministerpräsident Italiens Giolitti, durch Modernisierungsmaßnahmen und kleinen sozialen Reformen die Führer der entstanden oppositionellen Sozialistischen Partei, der *Partito Socialista Italiano*, kurz PSI, und der katholischen Volkspartei, der *Popolari*, die maßgeblich an den Unruhen am Land beteiligt waren, zu einer Zusammenarbeit mit dem Parlament zu bewegen[8]. Allerdings stießen jene Reformen und die angestrebte Zusammenarbeit Giolittis mit den Sozialdemokraten und der *Popolari* auf Ablehnung und Kritik seitens der bürgerlichen Mittelschicht und der industriellen sowie agrarischen Eliten. Diese schlossen sich zu der *Associazione Nazionalista Italiana* zusammen und lehnten jegliche soziale Reformen stets ab, so dass die Lage der Bauern und Lohnarbeiter sich nicht verbessern konnte. Stattdessen schlug man vor, durch nationalistische und imperialistische Außenpolitik von den sozialen Problemen im Inneren abzulenken[9]. Jedoch scheiterte dieses Vorhaben, da es auf Grund der außenpolitischen Lage nicht möglich war, einst

---

[8]   vgl.: W. Wippermann, S. 23

[9]   vgl.: W. Wippermann, S. 23

italienische Gebiete wie Südtirol in Italien einzugliedern. Aufgrund dieses Misserfolges war es nun unmöglich geworden, von den sozialen Problemen im Inneren abzulenken, denn die Unruhen wurden immer heftiger. „Die Anhänger der Sozialistischen Parteien ließen sich durch die Parole, dass der Klassenkampf durch den Kampf der Nationen ersetzt werden sollte, nicht täuschen."[10]Unter der Führung Benito Mussolinis löste die Mehrheit der Sozialistischen Partei, nach vielen gescheiterten Versuchen der Zusammenarbeit, die Zusammenarbeit mit der Regierung auf. Zudem erlangte man bei den Wahlen 1913, die das erste Mal nach dem Prinzip des allgemeinen Wahlrechts für Männer durchgeführt wurden, große Erfolge. Durch geschickte Ansetzungen von Streiks seitens unzufriedener Industrie- und Landarbeiter geriet die konservative Gruppierung um den 1913 neu gewählten Ministerpräsidenten Salandra schon zu Beginn seiner Amtszeit immer heftiger in die Kritik, so das man es erneut versuchte, die Massen durch Beteuerungen und Mobilisierung der Massen nationalistischer Gesinnungen und mittelständischer Herkunft von den sozialen Problemen abzulenken[11]. Allerdings traten plötzlich ganz andere Probleme in den Vordergrund als die, der sozialen Unterschiede und Ungerechtigkeiten, denn als 1914 der Erste Weltkrieg ausbrach, stand Italien vor der Frage, ob man in den Krieg eintreten soll und wenn ja, auf welcher Seite?

Es ist festzuhalten, dass die sozialen Unruhen nicht aufhörten und immer weiter andauerten. Ohne Reformen deutete sich zwangsläufig eine sozialistische Revolution an. Allerdings wurde diese durch den Krieg verhindert. Der Nährboden für den italienischen Faschismus war jedoch geschaffen.

2. Der Erste Weltkrieg als Katalysator

2.1   Italiens Rolle im Ersten Weltkrieg

Im August 1914 brach der erste Weltkrieg aus. Zwar war Italien durch den Dreibund[12] an Österreich und das Deutsche Reich gebunden, allerdings kam für die Regierung ein Kriegseintritt auf Seiten der Mittelmächte[13] nicht in Frage.[14] Die italienische Regierung beabsichtigte, so gut wie möglich, vom Krieg zu profitieren. Die Mehrheit des Parlaments war zu diesem Zeitpunkt aber gegen einen Kriegseintritt Italiens. Allerdings sollte die Entscheidung nicht im Parlament getroffen werden, denn „Italien war das einzige Land, in dem Kräfte außerhalb der Regierung den Weltkriegseintritt weitestgehend beeinflusst haben."[15] Es kam zu einem außerparlamentarischen Kampf zwischen denen, die für den Krieg waren, den Interventionisten, und denen die gegen den Krieg waren, den Neutralisten. Schließlich trat man auf Drängen der Interventionisten in den

---

[10]   W. Wippermann, S. 24
[11]   W. Wippermann, S. 24
[12]   Als Dreibund wird das geheime Defensivbündnis zwischen dem Deutschen Reich, Österreich-Ungarn und dem Königreich Italien bezeichnet
[13]   Die Mittelmächte waren das Deutsche Reich und das Königreich Österreich-Ungarn, die ein Militärbündnis während des Ersten Weltkriegs bildeten.
[14]   vgl.: http://www.matthias-fuchs.de/docs/Katalysator.htm
[15]   R. Lill, Geschichte Italiens in der Neuzeit, Darmstadt 1988, S. 265

Krieg auf Seiten der Entente[16] ein, dafür wurden Italien Territorial- und Kolonialansprüche von der Entente versprochen. Italien erhob Anspruch Istrien, auf das österreichische Trentino, Militärstützpunkte in Nordafrika und in Albanien. Die Regierung wusste, dass Italien auf den Krieg sowohl militärisch als auch wirtschaftlich schlecht vorbereitet war und hoffte daher auf einen kurzen Krieg. Der Krieg in Oberitalien ist als einer der sinnlosesten des ganzen Weltkriegs tituliert worden. Er bescherte der Entente zwar eine dritte Front gegen die Mittelmächte, hatte jedoch nur geringen Einfluss auf den Verlauf des Krieges.[17] Knapp 600000 Soldaten starben im Ersten Weltkrieg, ohne einen Durchbruch gegen die Mittelmächte erlangt zu haben. Man errang nur einen einzigen Sieg, als man in den letzten Kriegstagen am 24.10.1918 bis Vittorio Veneto vordrang und Österreich-Ungarn an den Rande der Niederlage führte. Dieser Sieg der Italiener wurde von den Faschisten später zum Mythos gemacht.[18]

2.2 Die wirtschaftlichen und sozialen Auswirkungen des Krieges

„Die italienische Wirtschaft wurde durch den Ersten Weltkrieg grundlegend verändert."[19] In den ersten Monaten nach Kriegsende erlebte die Wirtschaft der Siegermächte einen unerwarteten Boom. Diese Expansion wurde allerdings schon im Frühjahr 1920 von der Rezession abgelöst. Wodurch die Arbeitslosigkeit enorm anstieg. 1918 hatte die italienische Industrie einen Anteil von 30,6% am Bruttoinlandsprodukt. Zum Vergleich, als der Krieg 1914 ausbrach hatte die Industrie erst einen Anteil von 25%. Der Grund für dieses starke Wachstum, vor allem im Bereich der Schwerindustrie, lag in den Erfordernissen der Kriegsproduktion in den Kriegsjahren, die rund die Hälfte des sekundären Sektors ausmachten.

Die erzielten Gewinne, vor allem im stahlverarbeitenden Sektor und der Automobilbranche, haben sich nach offiziellen Zahlen seit 1914 verdreifacht. Das Beste Beispiel hier für ist die Automobilfirma Fiat, dessen Mitarbeiterzahl von 4000 im Jahr 1914 auf 40500 gestiegen war.[20] Allerdings bildete sich ein gewaltiger Gegenpol gegenüber dem Wirtschaftsaufschwung heraus. Der Krieg hatte Italien 148 Mrd. Lira gekostet, das Doppelte aller Staatsausgaben von 1861 bis 1913. Die Regierung finanzierte die Militärausgaben in erster Linie durch öffentliche Verschuldung, steigerte den Geldumlauf, so dass es zur Inflation kam. Zwischen 1913 und 1918 vervierfachten sich die Preise, die Reallöhne gingen zurück. Der Kurs der Lira wurde von Tag zu Tag schwächer. Wegen der Einberufung tausender junger Bauern und der Überstellung vieler Männer und Frauen, vor allem aus der Landwirtschaft, in die Industriegebiete für die Kriegsproduktion, ging folglich die Agrarproduktion erheblich zurück.[21] Vor Kriegsbeginn waren Agrarprodukte Hauptexportwaren, sodass sich die Einberufung und die Überstellung sehr negativ auf die Dynamik des Import-Exports auswirkten. Die großen Agrarunternehmen, die marktgerecht produzieren konnten, profitierten eher noch von der Krise, aber

---

[16]   Die Triple Entente, kurz Entente, war ein Militärbündnis im Ersten Weltkrieg zwischen dem Vereinigtem Königreich, Frankreich und Russlands.
[17]   vgl.: http://www.matthias-fuchs.de/docs/Katalysator.htm
[18]   vgl.: R. Lill, S. 287
[19]   B. Mantelli, Kurze Geschichte des italienischen Faschismus, Mailand 1994, S. 20
[20]   vgl.: B. Mantelli, S. 20-21
[21]   vgl.: B. Mantelli, S. 21-22

eine große Zahl von mittleren Landbesitzern litten unter den Inflationsauswirkungen und mussten ihr Land verkaufen, ein Proletarisierungsprozess hatte eingesetzt.[22]

Als das Staatsdefizit und die Inflation weiter anstiegen, unternahmen die Nachkriegsregierungen unter Ministerpräsident Nitti und später unter Ministerpräsident Giolitti Sanierungsversuche, mit denen sie aber sowohl die besitzenden wie die ärmeren Schichten gegen sich aufbrachten. Sie erhöhten die Steuern, führten eine Vermögenssteuer ein und Namenspapiere, die Steuerhinterziehungen erschweren sollten. Diese Maßnahmen trafen vor allem die besitzenden Schichten. Zudem wurde der staatlich festgesetzte Brotpreis abgeschafft, was vor allem die armen Schichten der Bevölkerung traf, da sie es sich somit nicht mehr leisten konnten, Brot zu kaufen, denn der Brotpreis stieg erheblich und ohne die staatlichen Subventionen war es für viele sehr schwer an Brot zu gelangen. Im Jahre 1920 führte das Ende der Expansion zu einer weltweiten Krise. Die Produktion nahm ab, die Gewinne verringerten sich und auch die Preise kamen zu einem Stillstand. Daher, und auch auf Grund von vier Millionen Soldaten, die zurück kehrten, fanden viele keine Arbeit in der krisengeschüttelten Wirtschaft, die mit kriegsbedingten Überkapazitäten und Kapitalarmut zu kämpfen hatte. Dies hatte eine Massenarbeitslosigkeit zur Folge. Bedingt durch diese wirtschaftlichen Faktoren kam es in Italien zu zahlreichen sozialen Spannungen. Diese wurden auch noch durch Provokationen seitens nationaler Flügel in Italien sehr stark verstärkt. Italien hat zwar fast alle Territorialansprüche erhalten, die ihnen von der Entente vor Kriegseintritt versprochen wurde, jedoch wurden keineswegs die Kolonialansprüche in Afrika erfüllt. So dass sich durch geschickte Provokationen Unmut gegenüber der italienischen Regierung verbreitete. Man nannte die italienische Regierung „Verzichtler" und der Sieg gegenüber den Mittelmächten wurde als verstümmelter Sieg (vittoria mutilata) gebrandmarkt, da die italienische Regierung sich von den stärkeren Mitgliedern der Entente bei den Friedensverhandlungen in Versailles hat unterdrücken lassen.[23] Die italienische Regierung stand nach Kriegsende 1918 heftig in der Kritik und in der Bevölkerung wurde der Wunsch nach Veränderungen laut. Aufgrund dieser Krisen unternahm jetzt die Arbeiterklasse, getrieben von linken und sozialistischen politischen Gruppierungen, mehrfach den Versuch, den Weg in eine bessere Zukunft durch Streik, Fabrik- und Landbesetzungen zu erzwingen. Man nannte diese Zeit das Rote Biennium. Als Vorbild hierfür diente dabei Russland, wo 1917 eine erfolgreiche Revolution des russischen Proletariats stattfand. Im ganzen Land kam es zu sozialistischen Aufständen.[24]Auf der Gegenseite formierten sich sehr viele rechte Gruppierungen, die nun von der Industrie oder durch Gelder der Großgrundbesitzer gegen linke Revolutionsversuche vorgingen, um kommunistische Aufstände niederzuschlagen und gewerkschaftliche Organisationen zu unterdrücken. Daraus entstanden außerparlamentarische Kämpfe zwischen Linken und Rechten, bei denen die Rechten die Überhand gewannen, da die bürgerliche Regierung Italiens, aus Furcht vor einer proletarischen Revolution, die Rechten gewähren ließen und sie unterstützten, so dass die Zeit des

---

[22]   vgl.: B. Mantelli, S. 22

[23]   vgl.: http://afg.blogsport.de/2009/02/18/teil-iii-litalia-del-fascio-aufstieg-und-fall-des-italienischen-faschismus/
[24]   vgl.: http://afg.blogsport.de/2009/02/18/teil-iii-litalia-del-fascio-aufstieg-und-fall-des-italienischen-faschismus/

Roten Biennium vorüber war und die rechten Kräfte die Macht in der Bevölkerung allmählich ganz übernahmen.

3. Der Aufstieg des italienischen Faschismus

3.1 Die Fasci di Combattimento

„Am 23.März 1919 gründete Benito Mussolini in einem Salon an Piazza Santo Sepolcro in Mailand die *Fasci di Combattimento*, deren unangefochtener Führer er selbst wurde."[25] Benito Mussolini hatte einen ziemlich bewegten politischen Lebenslauf. Zu Beginn seiner politischen Karriere war er Sozialist und Organisator in der PSI, *Partito Socialista Italiano*, zudem wurde er 1912 Chefredakteur der sozialistischen Zeitung *Avanti!*. Als der Erste Weltkrieg 1914 ausbrach war Mussolini strikt gegen einen Kriegseintritt Italiens, doch dies änderte sich im Laufe des Krieges, da Mussolini ein Aktionist war und ein Ausbrechen des Sozialismus durch diesen Krieg seiner Meinung nach gegeben war. Daher befürwortete er bereits im Oktober 1914 den Kriegseintritt auf Seiten der Entente. Dies war der Bruch zwischen Mussolini und seiner Partei, der PSI, denn diese war absolut gegen einen Kriegseintritt Italiens. Mussolini legte seinen Posten als Chefredakteur der *Avanti!* nieder und gründete seine eigene Zeitung *Il popolo d'Italia* und machte sich für ein Kriegseintritt Italiens auf Seiten der Entente stark. Als er 1915 eingezogen und 1917 leicht verletzt wurde, kehrte er zu seiner Zeitung zurück. Hier suchte er nach Kriegsende 1918 nach einem politischen Betätigungsfeld, um seinen Aktionismus und Tatendrang auszuüben.

Ungefähr einhundert Menschen, vor allem Offiziere, Studenten und Intellektuelle, die einen Umsturz des bisherigen Systems herbeisehnten, hatten sich an diesem 23.März 1919 an der Piazza San Sepolcro versammelt. Am Ende der Versammlung wurden die politischen Richtlinien, die von Benito Mussolini vorgetragen wurden, vom größten Teil der Anwesenden unterzeichnet. Von nun an hatte er den Namen des Duce[26] der faschistischen Bewegung inne.

Dies war die offizielle Geburtsstunde des italienischen Faschismus. Man strebte äußerst verschiedene Ziele an: „demokratisch-radikal (Republik, Wahlrecht für Männer und Frauen), populistisch-sozialistisch (das Land den Bauern, Gewinnbeteiligung der Arbeiter an den Fabriken, Kampf den Banken- und Börsenspekulanten), pazifistisch (generelle Entwaffnung, Verbot der Waffenfabrikation). nationalistisch (Annexion von Fiume und Dalmatien) und schließlich für den Freihandel (Einschränkung der staatlichen Funktionen auf politischen gesellschaftlichen Bereich)."[27] An diesem Parteiprogramm sieht man, dass sich die Fasci aus vielen verschieden Menschen mit sehr unterschiedlichen politischen Ansichten zusammensetzte. Allerdings mag es hinsichtlich des Parteiprogramms paradox klingen, dass sich die ersten öffentlichen faschistischen Auftritte gegen organisierte Arbeiterbewegungen richteten. Am 15.April 1919 kam es in Mailand zu einem blutigen Zusammentreffen zwischen Mitgliedern der Fasci und einem Arbeiteraufmarsch, bei dem es auch Tote gab.

---

[25]   zitiert nach: B. Mantelli, S. 33 Z. 1-3
[26]   Duce, italienisches Wort für Führer
[27]   zitiert nach: B. Mantelli, S. 33 (Z. 33-37) – S. 34 (Z. 1-3)

Fast gleichzeitig überfiel eine zweite Gruppe der Fasci den Sitz der *Avanti!* und setzte diesen in Brand. Benito Mussolini bekannte sich anschließend in einem Zeitungsinterview zu den Vorfällen.[28] Diese mutwillige Niederschlagung der Arbeiteraufmärsche von Seiten der Fasci ist so zu erklären, obwohl man selbst für bessere Arbeitsbedingungen der Bauern und Arbeiterklasse war, dass jene Arbeiteraufmärsche von Seiten linksgerichteter politischer Gruppierungen und sozialistischen Parteien wie der PSI organisiert waren. Dafür spricht zudem auch der Überfall auf die sozialistische Zeitung *Avanti!*, denn man wollte keine linksgerichtete Arbeiteraufmärsche, sondern von Seiten der Fasci organisierte Demonstrationen. Somit war die Leitlinie, die der Faschismus in den nächsten Monaten einschlagen würde, vorgezeichnet.

Bei den Wahlen für das italienische Parlament am 16. November 1919 mussten die Fasci einen herben Rückschlag hinnehmen, da man nur in der Lage war, eine einzige Liste in Mailand aufzustellen und dafür nur wenige Stimmen erhielt. Jener Misserfolg brachte die faschistische Bewegung an den Rand der Auflösung. Doch es kam ganz anders als man dachte, binnen 2 Jahre vervielfachte sich die Anzahl der Mitglieder, so dass die Fasci im November 1921 2200 Kampfbünde umfasste. Dieser rasante Anstieg an Mitgliedern ist vor allem durch Kriegsheimkehrer zu erklären. Diese ehemaligen Soldaten gründeten schon nach ihrer Heimkehr 1918 erste Verbände. Dieses große Potential an Mitgliedern hatte Benito Mussolini erkannt und nannte 1918 den Untertitel seiner Zeitung *Il popolo d'Italia* von „Sozialistische Zeitung" zu „Zeitung der Kämpfenden und Schaffenden" um. So wollte Mussolini das Vertrauen der Kriegsheimkehrer erlangen und sie somit von seiner Sache überzeugen. Zudem kamen auch noch viele neue Mitglieder von Seiten der *Associazione Nazionalista*, eine entstandene national ausgerichtete Gruppierung, die ein strenges antiliberales Programm führte. Diese neuen Mitglieder traten vor allem deswegen der Fasci bei, da „der Faschismus seine Fähigkeit bewies, die Massen zu durchdringen, was ihnen selbst nie gelungen war."[29] Die am 16. November 1919 neu gebildete Regierung unter Ministerpräsident Nitti hielt nur bis zum Juni 1920, da er und seine Partei nicht in der Lage waren, aus den vielen Parteien und deren Splittergruppen eine Mehrheit im Parlament zu erlangen. Er wurde durch den liberalen Politiker Giovanni Giolitti abgelöst. Doch auch dieser schaffte nur eine schwache Koalition aus Liberalen und Radikalen, zu denen auch die *Fasci di Combattimento* gehörten, die sich seit 1921 *Partito Nazionale Fascista*, kurz PNF, nannten, und der *Popolari*, der katholischen Volkspartei.

3.2   Schlägertrupps auf dem Land

In den Jahren 1919 und 1920 fanden in vielen ländlichen Gebieten in Norditalien, die vorwiegend von Bauern bewohnt waren, heftige Auseinandersetzungen zwischen den Bauern und den Grundbesitzern statt, da die Bauern nicht mehr ausgenutzt werden wollten. Diese Auseinandersetzungen wurden von der PSI unterstützt, so dass die PSI bei den Kommunalwahlen 1920 große Erfolge verbuchen konnte. 25% der Gemeinderäte Norditaliens waren unter sozialistischer Führung. Besonders in den Regionen Norditaliens, wo die Auflehnungen seitens der Landbevölkerung sehr stark waren, hatte die PSI am meisten Erfolg. In der Provinz Rovigo waren alle 63 Gemeinden in der Hand der Sozialisten, in der Provinz Mantua 59 von 68, in Bolonga

---

28   vgl.: B. Mantelli, S. 34
29   zitiert nach: B. Mantelli, S. 37 Z. 26-28

54 von 61, in Ferrara 15 von 21 und vielen weiteren, in denen man eine Mehrheit innehatte.[30] Diese Entwicklung beunruhigte nicht nur die Grundbesitzer, die um ihr Land fürchteten, sondern auch die italienische Regierung samt der Fasci. Man befürchtete eine sozialistische Revolution der Landarbeiter.[31] Aus diesem Grund mischten sich mit äußerster Gewalt faschistische Schlägertrupps, die so genannten *Squadra*[32], in das Geschehen ein.

In den Städten Norditaliens bildete sich durch Unterstützung der Fasci ein Gegenpol zu der sozialistischen Landbevölkerung, die unter der Kontrolle der PSI standen, heraus, deren Ziel es war, die Ortsgruppen der PSI und die linken Kommunalverwaltungen niederzuschlagen. Als Rechtfertigung dafür sahen die Squadristen die nationale Revolution und die Liebe zum Vaterland.[33] Ihre Anführer waren größtenteils Faschisten erster Stunde, die schon bei der Partei Gründung 1919 in Mailand dabei waren. Die Squadristen bedienten sich der Taktik des Überraschungsangriffes, so dass ihre Gegner sich nicht vorbereiten konnten und aus der Reserve gelockt wurden. Mehrere Squadristen vereinten sich zu Kolonnen und überfielen Dörfer. Sie brachen in die Gebäude der Kommunalverwaltungen und der sozialistischen Ortsgruppen ein. Plünderten und zerstörten diese und zwangen die Kommunalverwaltungen zum Rücktritt. Danach verschwanden sie wieder, um in anderen Orten dies zu wiederholen.

Aber man wollte die Gegner nicht nur zerstören, sondern auch für sich gewinnen, so dass sich viele ehemalige Sozialisten den Squadristen meist aufgrund von Gewalt angeschlossen haben. „Sie versuchten, diese zu überzeugen, auf ihre Seite überzuwechseln und das sozialistische Banner für den faschistischen Wimpel aufzugeben."[34] Zudem kam aber noch dazu, dass auch die Fasci in ihrem politischen Programm den Landarbeitern mehr Unterstützung versprachen, dass nicht alle Landarbeiter nur durch Gewalt gezwungen wurden, dem Sozialismus abzuschwören. Mit dem Slogan, das Land denen die arbeiten, erhielt man von vielen Landarbeitern Vertrauen, die sich somit von nun an zu den Faschisten bekannten. Die Bewegung des Squadrismus breitete sich wie ein Lauffeuer von Norditalien bis in die Toskana und weiter südlich bis nach Apulien aus. Nun hatte man nicht nur Teile der Grundbesitzer und Großagrarier auf seiner Seite, sondern auch große Teile seitens der Landbevölkerung, was für die bald anstehenden Wahlen von Vorteil sein konnte.

Doch dies alles hätten die Faschisten nie erreichen können, wäre ihnen nicht von Seiten der Regierung freie Hand gelassen worden. Man unternahm nichts, um das Morden und Plündern der Squadristen zu stoppen, nicht einmal die lokalen Polizeiinstanzen griffen in das Geschehen ein. Aus Angst vor einer proletarischen Revolution kam es der liberalen Regierung unter Giolliti gerade recht, dass endlich wieder für Ordnung in den ländlichen Gebieten gesorgt wurde.[35] Allerdings stand nun Mussolini vor einem gewaltigen Problem, denn

---

[30]   vgl.: B. Mantelli, S. 44
[31]   vgl.: W. Wippermann, S.26
[32]   Das Wort Squadra, kommt aus dem italienischem und bedeutet Mannschaft. Die Squadristen waren Einsatz- und Schlägertruppen der faschistischen Partei in Italien, welche ihre Mitglieder beschützten und Veranstaltungen der politischen Gegner niederschlugen.
[33]   vgl.: B. Mantelli, S. 44
[34]   zitiert nach: B. Mantelli, S. 46 Z. 16-18
[35]   vgl.: B. Mantelli, S. 47

nach den großen Erfolgen der Squadristen, wollte er die angeheizte Lage in Italien entspannen. Er strebte zum einen eine Vereinheitlichung aller Squadristen und Faschisten in einer großen Partei an, um die absolute Kontrolle in jener Partei inne zu haben, und zum anderen einen Befriedigungspakt zwischen den Sozialisten und den Faschisten bzw. Squadristen, um dem Blutvergießen ein Ende zu machen. Doch er hatte nur teilweise Erfolg. Die von ihm angestrebte vereinheitliche Partei, die *Partito Nazionale Fascista*, kurz PNF, entstand. Allerdings erhielt Mussolini seitens des Befriedigungspaktes eine klare Abfuhr der Anführer der Squadristen.[36] An dieser Stelle musste Mussolini einsehen, dass die Bewegung des Squadrismus sich nicht mehr kontrollieren lassen konnte und er die Macht über jene Bewegung verloren hatte. Die faschistischen Übergriffe auf Sozialisten hörten nicht auf und breiteten sich in ganz Italien aus. Letztlich gelang es Mussolini durch viele Eingeständnisse seitens der Führung der PNF an die Anführer der Squadristen, die Wogen zwischen ihnen zu glätten und die Squadristen wieder unter seine Befehlsgewalt zu stellen.

3.3 Die Stunde des Faschismus

Am 7. April 1921 löste König Vittorio Emanuele III.[37] das Parlament auf, da erneut keine absolute Mehrheit unter Giolliti und seiner Koalition gebildet werden konnte, und setzte Neuwahlen an. Bei jenen Neuwahlen nahmen nun auch zum ersten Mal die PNF teil und wurde in die Liste der nationalen Blöcke aufgenommen und somit in das Wahlbündnis der liberalen Partei Giollitis, denn schon bei den Wahlen 1920 standen die nationalen Blöcke auf der Seite Giollitis.

Bei den Wahlen, die erst im April 1922 aufgrund von politischen Unruhen stattfanden, zog die PNF mit 35 Sitzen ins Parlament ein. Man gehörte von nun an zur Koalition unter Giolliti. Doch diesmal sah die Situation noch schlechter aus, als noch vor den Wahlen, denn die sozialistischen Parteien gingen als Sieger hervor, aber sie konnten erneut keine Regierung bilden, da keine Partei mit ihnen eine Koalition bildete. So entstand erneut eine liberale nationale Regierung unter dem liberalen Ministerpräsident Facta, die die absolute Mehrheit im Parlament nicht erreichen konnte. Doch es kam anders, da die Squadristen ihren „gesetzeswidrigen Terrorfeldzug"[38] weiter fortsetzten. Die Sozialisten verstanden es erneut nicht, sich den Squadristen entscheidend zur Wehr zu setzen. Sie riefen zwar zu einem Generalstreik aller Arbeiter gegen die Faschisten auf, um den Squadristen Einhalt zu gewähren, doch erhielten sie seitens des Militärs und der Polizei keine Unterstützung.[39] Zudem kam auch noch der Aspekt, dass die sozialistischen Parteien untereinander sehr zersplittert waren und man nur schwer Entscheidungen fällen konnte. Das Ziel des Generalstreiks war die Abwehr der faschistischen Bewegung, aber auch die Verteidigung der demokratischen Freiheit. Allerdings wurde jener Streik von den Squadristen mit äußerster Gewalt zerschlagen, wobei auch Menschen umkamen. Nach diesem Gewaltakt der Squadristen bezeichnete sich Mussolini als der Mann, der die Gesellschaft vor dem Chaos, welches seiner Meinung nach von den Sozialisten ausging und in

---

[36]   vgl.: W. Wippermann, S. 29
[37]   Vittorio Emanuele III. war König von Italien (1900–1946), Kaiser von Äthiopien (1936–1941) und König von Albanien (1939–1943) aus dem Haus Savoyen.
[38]   zitiert nach: W. Wippermann, S. 30 Z. 3
[39]   vgl.: W. Wippermann, S. 30

Wirklichkeit von seinen eigenen Anhängern ausgelöst wurde, bewahren kann.[40] Die Niederschlagung des Generalstreiks war die endgültige Niederlage der Sozialisten, denn sie konnten sich davon nie wieder ernsthaft erholen.

Durch das Nichteingreifen der Polizei und des Militärs wurden die Faschisten gestärkt, jetzt die Chance der politischen Schwäche der amtierenden Koalition und der Niederlage der Sozialisten gezielt auszunutzen, um die Macht in Italien zu übernehmen. Mussolini forderte daher Neuwahlen, ordnete die Mobilmachung der Squadristen an und drohte mit einem Marsch auf Rom, indem er die italienische Regierung auch mit Gewalt stürzen würde, falls diese Forderung nicht erfüllt werden sollte. Die Politiker, die die Reden und Drohungen Mussolinis gehört hatten, nahmen ihn zuerst nicht ernst. Als es sich aber immer deutlicher abzeichnete, dass er seine Androhung wahr machen würde, forderte Emanuele Pugliese, der Militärkommandant von Rom, den Ministerpräsidenten Luigi Facta auf, den Notstand auszurufen.[41] Dies lehnte Luigi Facta deutlich ab, da er meinte, dass Mussolini nur leere Drohungen von sich gibt.

Am 27. Oktober 1922 gab Mussolini den Squadristen, die sich in Neapel versammelt hatten, den Befehl den Marsch auf Rom in die Tat umzusetzen. Doch Facta zögerte weiterhin, den Notstand in Rom auszurufen, da er befürchtete, dass sich daraus ein Bürgerkrieg entwickeln würde. Allerdings änderte er seine Meinung, als bereits Tausende von Faschisten sich in Bewegung gesetzt hatten und die ersten staatlichen Gebäude in der Umgebung Roms besetzt wurden. Die Squadristen besetzen nach und nach die Telefonzentralen und alle Regierungsgebäude, beschlagnahmten Eisenbahnen und verbündeten sich sogar mit Teilen der italienischen Armee. Auf vier Kolonnen aufgeteilt, marschierten 40.000 bis 50.000 Faschisten auf Rom, wo sie am 28. Oktober eintrafen.[42] Das von Facta und seiner Regierung vorbereitete Dekret, welches den Notstand ausrufen sollte und der italienischen Armee das Zerschlagen der Squadristen befehlen würde, wurde jedoch nicht von König Vittorio Emanuele III. unterzeichnet, so dass Facta sich gezwungen sah zurückzutreten.[43] Die Gründe für den König waren zum einen, dass er kein Bürgerkrieg riskieren wollte, zum anderen, weil der ehemalige Ministerpräsident Salandra, ein enger Vertrauter des Königs, den König davon überzeugte, dass so, der bei ihm und bei dem König unbeliebte amtierende Ministerpräsident Facta zum Rücktritt gezwungen werden konnte. Doch der wahre Grund für Salandra war, dass er hoffte, dadurch von Mussolini nach seiner Machtergreifung für wichtige politische Ämter berücksichtigt zu werden. Nach dem Rücktritt Factas gelang es Salandra, zudem den König davon zu überzeugen Mussolini als neuen Ministerpräsidenten zu bestimmen. Mussolini, der nicht am Marsch teilnahm und in Mailand blieb, beschäftigte sich, nachdem ihm davon berichtet worden war, sofort mit der Bildung einer neuen Regierung. Der "Duce" der faschistischen Bewegung bestieg noch am Abend des 29. Oktobers einen Nachtzug von Mailand nach Rom und kam am Morgen des 30. Oktober 1922 in Rom an.[44] In Rom wurde er von König Vittorio Emanuele III. offiziell zum

---

40 vgl.: W. Wippermann, S. 30
41 vgl.: http://www.mein-italien.info/geschichte/marcia-su-roma.htm
42 vgl.: http://www.mein-italien.info/geschichte/marcia-su-roma.htm
43 vgl.: B. Mantelli, S. 58
44 vgl.: http://www.mein-italien.info/geschichte/marcia-su-roma.htm

neuen Ministerpräsident ernannt, woraufhin die Squadristen samt ihrer Anhänger am 31. Oktober 1922 in Rom zu einer Siegesparade einzogen, um den Sieg des Faschismus in Italien zu feiern. Während der gesamten Feierlichkeiten ereigneten sich erneut viele Übergriffe der Squadristen auf Sozialisten, bei denen es erneut zu Toten auf Seiten der Sozialisten kam.[45]

Somit wurde aus dem Marsch auf Rom eine Siegesfeier der Faschisten. Jetzt hatte Mussolini es letztendlich geschafft, durch einen Staatsstreich die Macht in Italien zu erlangen. Nun musste er seine Macht ausbauen, den Faschismus in den Köpfen aller Italiener etablieren und beweisen, dass die Faschisten in der Lage sind und die Fähigkeit besitzen, Italien zu neuem Ansehen zu führen[46].

4. Literatur- und Quellenverzeichnis

Sekundärliteratur

Wippermann, Wolfgang: Europäischer Faschismus im Vergleich 1922-1982, Suhrkamp Verlag, Frankfurt am Main 1983

Lill, Rudolf: Geschichte Italiens in der Neuzeit, Wissenschaftliche Buchgesellschaft, Darmstadt 1988

Mantelli, Brunello: Kurze Geschichte des italienischen Faschismus, Verlag Klaus Wagenknecht, Berlin 1998

Schotthöfer, Fritz: Il Fascio, Sinn u. Wirklichkeit des italienischen Faschismus, Frankfurter Societäts-Druckerei, Frankfurt am Main 1924

Kirkpatrick, Ivone: Mussolini, Ullstein Buchverlag, Frankfurt am Main 1997

Rusconi, Gian Enrico: Deutschland-Italien Italien-Deutschland, Verlag Ferdinand Schöningh, Paderborn 2006

Internetquellen

http://www.matthias-fuchs.de/docs/Katalysator.htm

http://de.wikipedia.org/wiki/Faschismus

http://www.mein-italien.info/geschichte/marcia-su-roma.htm

http://afg.blogsport.de/2009/02/18/teil-iii-litalia-del-fascio-aufstieg-und-fall-des-italienischen-faschismus/

---

[45] vgl.: http://de.wikipedia.org/wiki/Marsch_auf_Rom
[46]